CÓMO SON

Los caballos

Rose Greydanus
Ilustraciones por: Joel Snyder

SITESA
SISTEMAS TECNICOS
DE EDICION, S.A. de C.V.

Versión en español de la obra titulada *Horses*, de Rose Greydanus, publicada originalmente en inglés por Troll Associates, Mahwah, New Jersey, © 1983 por **Troll Associates.**

Esta edición en español es la única autorizada.

©1987 por **Sistemas Técnicos de Edición, S.A. de C.V.**
San Marcos 102, Tlalpan, 14000 México, D.F.

Miembro de la Cámara Nacional de la Industria Editorial, registro número 1312.

ISBN 968-6135-06-5

CDEFGHIJKL-M99876543210

Se terminó de imprimir el 10 de octubre de 1990 en Impresora Cantori, S.A. de C.V., Centeno 590-A Bis, 08400 México D.F. La tirada fué de 3,000 ejemplares mas sobrantes.

Los caballos son animales muy bellos.

Y son muy fuertes.

Antes, los caballos hacían
el trabajo pesado.

Hoy, los caballos se utilizan para montar,
para saltar y para correr.

Los caballos pueden correr muy rápido.

Tienen patas largas y fuertes.

Sus pies, que se llaman pezuñas, son duros.

Los caballos tienen colas largas.

Sus colas sirven para muchas cosas.

El cuerpo del caballo está cubierto
de pelo corto.

Pero en la cabeza y el cuello tienen
el pelo largo y se le llama crin.

Los caballos son de diferentes colores.

Este hermoso palomino tiene el pelo dorado
y la crin blanca.

Y aquí tenemos un pinto con manchas blancas y negras.

Un poni es un caballo de baja estatura.

Este es un poni Shetland.

Los ponis Shetland son muy buenos y mansos.

Al caballo bebé se le llama potro.

Las largas patas de un potro
recién nacido tiemblan y se doblan.

Pero pronto comienza a correr
al lado de su madre.

Casi todos los caballos dejan de crecer
cuando cumplen 5 años.

Comen mucho.

Les gusta comer hierba y heno.

Pero, más que nada, les gusta comer avena.

Después de un largo día de correr y saltar. . .

este potro. . .

y su madre. . .

están listos para dormir. ¡Buenas noches!

DATE DUE

| 27 |
| 46 |
| 12 |
| 32 |

636.1
GRE

Greydanus, Rose
Los caballos

$ 10.05

DATE DUE	BORROWER'S NAME	ROOM NUMBER
2-15-9	Manaela Eliana	27
4/22/9	Jefferson	46
	Flora	12

636.1
GRE

Greydanus, Rose
Los caballos

$ 10.05